道理の経営
CBS HOLDINGS INC.

道理の経営

Provided by

CBS HOLDINGS INC.

道理の経営　目次

はじめに

　2030年に向け、今、世界規模での整理整頓の移行期中であること。つまり地球規模の自然環境をリセットすることと、世界規模での経済のリセットが今現在進行し、2030年という期日が目の前に迫ってきていることを、何パーセントの日本人が気付いて準備をしているでしょうか?

　この本では、この部分の深掘りを控えますが、真実の情報というものは、入ってこない仕組みが、この日本では、今もなお続いています。新聞やテレビのニュース、あるいは、各国の政府が発表していることも含め、それぞれの国民が正しい情報を伝えてくれていると、信じていることでしょう。

　例えば、日本には数人の世界規模の会社に育てた創業者がおられることは、社会人であればすぐに名前があげられます。では、自己啓発的に、彼らの伝記や書物を読んで、「私は、この本を読んで世界規模の会社を作ることが出来ました。」という人を聞いたことがあるでしょうか?もちろん基礎的な部分を除いてではありますが、私は聞いたことがありません。

　真実の情報が入って来ないこと自体が、正しい判断が出来ないということなのです。つまり、ある事象が起こることによって、誰が(どこの会社が)利益を上げているのかを考えると、正解に近づくのです。この部分が経済の考え方の重要なポイントです。

Reset →
2030

　前文としてはいささか複雑怪奇と書きながら悩ましいところではありますが、自分が調べた上で、物事が正しいのか間違いなのかを判断できる自分を作ることが重要なことなのです。「大半の人たちがそう言っているから自分もそう考える」という考え方を捨てなければ、会社の経営者は、存続が危ういということを前提としてすすめてまいります。

　現代の資本主義社会における経済活動とはどのようなものであるのか、を考える時に、民主主義の理解と認識をしていなければなりません。

　民主主義とは人民が政治を用いて法律（ルール）を創ることによる人民の利潤を追求することである。

　これは一見、資本主義に相反するものに思えるが、資本主義の勝者が勝ち残る為の暴走に歯止めをかけることでもあるのである。

　しかしながら、常にこのバランスが取れているわけではなく、多数決が絶対であるという認識が不安定であることを助長しているのも確かなことであります。

　なぜなら、資本家の数よりも労働者や弱者の数の方が圧倒的に大多数であることも事実であるからである。つまり、選挙権の総数の原理が働き過ぎている為です。

→ Next stage
20XX

　よって、今どの様なことになっているかというと、巨大資本家と弱者の二極化が鮮明になり、中小企業以下の企業の倒産が加速しているのも現実です。なぜなら、急速に積み上がる制度（雇用制度・税制度）によるものに耐えられない企業です。余談ですが、この加速のピークは2025年と私は予測しています。

　この状況を理解した上で、企業を運営していくためのビジョン（中・長期計画）を実行し、実現出来た企業だけが生き残ることは、目に見えて明らかであることが理解できるでしょう。

　この本では、生き残る企業として更に発展させていく経営者の考え方と方法を伝えてまいりますので、この時点で理解できない経営者は、明日から労働者として転職された方が万全策と言えるでしょう。

　出来なかったこと（失敗したこと）に対し、理由から入る経営者はおそらく《新型
コロナウイルス》《戦争》《半導体不足》《円安》《労働者不足》《震災》等と、何
かのせいにする発言をするのなら、この時点で経営者になることを辞めなさい。ま
して、「負債があるから辞めることが出来ない」等と、出来ない理由の上に理由を
重ねる始末になります。ここまでくれば重症ではなく重体です。そもそも論ではあり
ますが、要は次に出てくるこの本の副題テーマである、『ステージ』を理解せずに
経営者になった方々なのです。

　極論ですが、労働者は罪を犯さない限り、法律で必ず守られますが、経営者を
守る法律は無いということです。経営者の失敗は経営者自身の問題だけでなく、
従業員や従業員の家族そして取引業者にも被害を与えるということを深く肝に
銘じていなければなりません。

　いやいや、「失敗はしないから大丈夫だ」と思う方がいらっしゃいますが、長
年、数々の経営者を見ていますと、そういう経営者に限り失敗しておられるのを目
のあたりにして来ました。

　余談ではありますが、堀江貴文（通称:ホリエモン）が各メディアで、「収入を増
やしたいのであれば起業した方が良い」とよく言われているのを聞きますが、誰で
もそうなるどころか、失敗者を増やすようなことになりかねません。ホリエモンの経
営者としての認識と知識は、労働者が経営者に対する認識と一八〇度ちがうか
らです。この違いをまず項目別に説明し、その次にある見えていない『ステージ』
を説明してまいります。

Provided by

CBS
HOLDINGS INC.

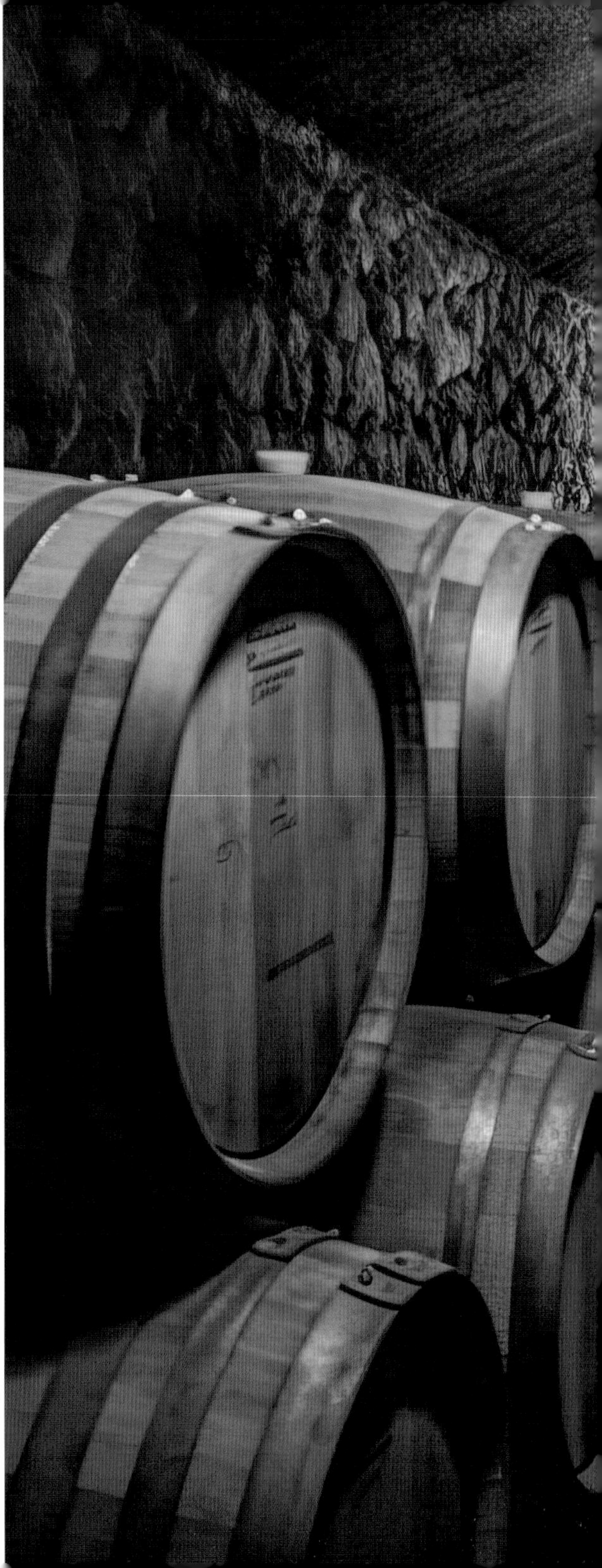

第1章

経営者の

思考

経営者の思考

経営をする者に
必要なもの

　そもそも経営とは、何なのかを定義している学問をはじめ、唱えている民間の研究機関も個々に定義づけていますが、必ずしも同じことを唱えていないのが事実です。

　もちろん、起業しようとする者は、はじめから全ての経験や知識を持ってスタートする人は殆んどいませんが、経験を積んでいく時間とリスクを考えると、知識を積んだうえでのスタートをしていただきたいと考え、この本の執筆に至りました。

　この本ではピンポイントで無駄のない、分かり易さを心がけているために、読者にとっては表現や言葉に、怪訝になられる方もおられると思いますが、ご理解を頂けます様にお願いいたします。

　では、本題に戻り、経営者に必要なものとして、まず『人物像』、次に『営業力』、そして『財務管理能力』の3点セットが必要であり、1点につき33.4％均等配分で事業運営していくと、大失敗は絶対にしません。

　まず、わかりやすく3点を表にすると、次のようになります。

経営者に必要な『人物像』

- ✓ 法律を守る人
- ✓ 規則(ルール)を守る人
- ✓ 倫理・道徳を重んずる人
- ✓ 偉そうな言動や態度をしない人
- ✓ 威圧感をもって命令しない人
- ✓ 嘘をつかない人
- ✓ 約束を必ず守る人
- ✓ 曖昧なことを言わない人
- ✓ ごまかさない人
- ✓ 出来ない事を言わない人
- ✓ 相手の気持ちを想像できる人
- ✓ 常に品格の向上を意識する人

経営者に必要な『営業力』

- ✓ 営業に自信がある人

- ✓ すぐに概算見積額が言える人

- ✓ クロージングに自信のある人

- ✓ 毎日人脈を増やすことができる人

- ✓ 常に相手にインパクトを送れる人

- ✓ 光の速さで処置できる人

- ✓ 相手に好まれる自信がある人

- ✓ 残す見込み客を判断できる人

- ✓ 残す見込み客と疎遠にならない人

- ✓ 見込み客を切れる人

- ✓ 時間を相手に合わすことができる人

- ✓ あなたと仕事がしたいと言われる人

経営者に必要な『財務管理能力』

✓ 毎日の現金残が頭に入っている人

✓ 売上総利益と一般管理費が分かる人

✓ 試算表・決算書が読み取れる人

✓ 貸借対照表の理論が分かる人

✓ 損益計算書の理論が分かる人

✓ 月次試算表の弱点を翌月クリアできる人

✓ 融資を受ける借り方が分かっている人

✓ 利益準備金を毎年増やせる人

✓ 租税を別管理できる人

✓ 損益分岐点が分かっている人

✓ 会社経費を個人流用しない人

✓ 脱税しない人

のようになります。

　もちろん、一行ごとに説明は不可欠ですが、第2章と第3章で、解説していきますので、この表を認識しておきましょう。

　この3つの表で共通すること（言葉の表現は違いますが）を抜粋すると、

　何人にも、『法律・ルール・約束を守り、期日を守り、嘘はつかず、偉そうにしない』というのが大前提であり、大原則です。これは、社内においても、家庭においても、有効に働き社内では尊敬され、家庭でも尊敬される最重要事項であることは間違いありません。できない理由は存在しないということです。

　この項目の結びとしては、社長や経営者になると、偉くなったと勘違いを起こし、営業は営業部に任せ、会計は会計士や税理士に任すゆえに、悪い数字を出した営業員や、会計士に『どうなってるんだ!』と怒鳴る始末になるのです。決して税理士の資格が取れるほどの勉強をしなくとも、お金の流れと弱点の修復計画を身につければよいのです。

　企業の形態にもよりますが、オーナー社長の営業においてはトップセールスは欠かせません。営業員がいても社長は常に営業のトップ成績でなければいけません。

　逆に言うと、営業活動ができなくなった社長は、存在する価値は66.4%ということになります。

　よって、第3章で身に付けていただきたいと思います。

Chapter 其の 2 経営者の思考
経営者の
落とし穴

　経営者に忍び寄る罠に掛からない為に、また、勘違いしない為に、お知らせしておきます。

　社長や役員になると、あらゆる方面の人々が寄ってきます。それは何故でしょうか? それは、あなたが、会社のお金を決済できる人だからです。

① 役員個人の費用を会社経費にしてはいけない。

　　説明： 一度、少額でも使用しだすと、どんどん膨らみ、固定経費化すると費用の
　　　　　 圧迫を生む

② 支払経費の最終決済は必ず社長が行うこと。

　　説明： 社長の支払い数字の記憶と記録。及び従業員の横領の防止。

③ 社長は役員と、役員は幹部クラスと、幹部は部下と
　 コミュニケーションを図る。

　　説明： コミュニケーションなくして、会社は一体となって動かない。
　　　　　 中間職の立場を妨げてはならない。

④ 社長!社長!とあらゆる業者が寄ってくる。

　　説明： 臨時の決済は役員会に諮る習慣をつけること。独断即決は信用と信頼を失う。
　　　　　 社長が率先し他の役員に知らしめる。明らかに断るときは独断即決で!

⑤ 特定の異性従業員と親密になってはいけない。

説明： 他の社員は必ず気付きます。その時点でその役員は統制力を失い、役員
継続にも影響する。

⑥ 有効でない団体に所属してはいけない。

説明： 時間とお金の無駄遣いとなり、役職などを受ければ仕事の時間が無くな
る。有効の可能性あれば、役員会に諮る。

⑦ 接待におけるゴルフ場と飲食店は固定化が必要。

説明： 行き当たりばったりでは、有益なサービス（インパクト）が受けられない。グルメの趣味にお店を増やすものではない。馴染みの店だから融通が通る。

⑧ 酒場のホステスを真に受けるな！

説明： ホステスは仕事でSNSを用いて仕事をしています。「週末食事に行きませんか？」の同じ文章は他客500人に一斉送信していると思え！『ドキドキしているのは貴方だけです』。

⑨ 自分が偉いんだ！と言動や態度に出る役員。

説明： あなたが偉いかどうかは周りが判断することで、自ら主張する愚かさは、統制が取れない証です。相談できるのは専門士業の先生に！

Chapter
其の 3

経営者の思考

経営者の
美学とは

　経営者は常にそもそも辛いものである。規模が大きくなればなるほどにその度合いは大きくなる。

　社長になって、高級スーツを着て高級時計をつけて高級外車に乗って高級分譲地に自宅を構える等という思いが先行して、会社設立に走ってしまうと会社が無くなるのは早いでしょう。

　何十年と生き残る企業を経営していくには、先頭に立っている社長が従業員の手本となる言動や行動を見せ、教え、育てることは、隙を見せることができない故の辛さを背負える度量が必要なのです。

　私が思う『経営者の美学』とは、引退までに次の経営者を育てることと、会社の体力を増やし、引退することであると考えています。

　昨今では、M&Aによる売却が主流となりつつありますが、「後継者が居ないから、会社の売却によって経営を任すという理由」で、残された従業員がそのまま定年まで働けるという確率はどれくらいでしょうか。また、同時に社長だけが株式の売却代金を貰い去るのは如何なものかと私は考えています。

　ここまで説明したように、引退時にやっと初めて経営者として、成功したかどうかを実感できる瞬間が美学の指標だと考えます。

第１章　経営者の思考

Provided by
CBS
HOLDINGS INC.

21

Provided by
CBS
HOLDINGS INC.

第2章

経営者の在り方

価値のある
経営者を創る

はじめに伝えておくこと

Q あなたはなぜ経営者になりたいのですか?

お金持ちになりたい

名誉・名声が欲しい

社会に貢献したい

この商品の価値を広めたい

Q 経営者の職務内容を理解していますか?

〈営業力〉 〈販売先〉 〈契約〉 〈許認可〉

〈金融機関〉 〈会計〉 〈税務〉 〈労務〉 〈法務〉

Q 企業の生存確率を知っていますか?

◎ 起業 5年後：15.0%

◎ 起業10年後： 6.3%

◎ 起業20年後： 0.3%　　DATA：日経ビジネス

20年後に廃業・倒産している確率は99.7%

企業の倒産理由を知っていますか?

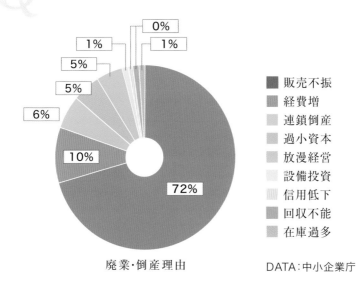

- 販売不振
- 経費増
- 連鎖倒産
- 過小資本
- 放漫経営
- 設備投資
- 信用低下
- 回収不能
- 在庫過多

0%
1%
1%
5%
5%
6%
10%
72%

廃業・倒産理由　　　　　　DATA：中小企業庁

バランスを以て売上を上げ続けることが出来る
会社でなければ存在し続けることが出来ない

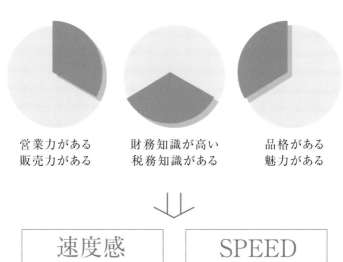

営業力がある
販売力がある

財務知識が高い
税務知識がある

品格がある
魅力がある

速度感　　SPEED

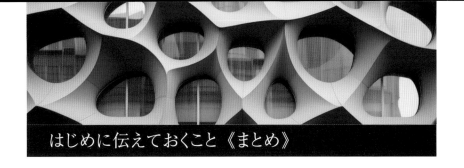

はじめに伝えておくこと《まとめ》

Q それでもあなたは企業しますか?

YES
or
NO?

それでは、成功しかしない
根拠と方法を
伝えてまいります。

Chapter 其の1

経営者としての観念

✓ 1. 勘違いは自ら終焉を表す

✓ 2. 24時間365日仕事脳であれ

✓ 3. 光速より速い処理をしろ

✓ 4. 壁に耳あり障子に目あり

✓ 5. 寄ってくる人の見極め

1 勘違いは自ら終焉を表す

A.自分は偉いんだと主張する ＝ 自分発信

傾向	威圧的言動	ごまかしの実績
	言っていることが変わる	

B.あの人は偉い人だなあと言われる ＝ 他者発信

傾向	実績がある	言動がぶれない
	嘘・偽り・曖昧な言動がない	

つまり、

その人が偉いかどうかは周りが評価することであって、
自らが主張するものではないということを知らないこと
自体が失格者なのである。

2　24時間365日仕事脳であれ

役員と従業員の立場のちがい

項　　目	従業員	役　　員
対価	給与	役員報酬
賞与	就業規則	役員規程
退職金	就業規則	役員規程
雇用保険	全員適応	無し
有給休暇	法定通り	無し
勤務時間	労働契約	拘束無し
適応法律	労働基準法	会社法

役員と従業員の立場のちがい

役　員	従業員
任務達成能力 （新規顧客獲得） 任期→2年が多い	ルートセールス （既存顧客管理） 定　年

〈役　員〉

会社経営に責任を持ち組織を動かす人

〈従業員〉

会社の指示に従い業を遂行する人

　役員は24時間365日仕事をしなければならないのではなくて、24時間365日従業員と顧客の為に会社の成長に責任を持ち続ける思考である。

3 光速より速い処理をしろ

早い仕事より速い仕事とは

あなたが役員として毎年鎮座していく条件として１番目に必要な事は光の速度より速い仕事をすることです。

光の速度より速い意味は尋常でない速さを必要とします。

人任せでは超高速は不可能です。なぜなら、自らが完結までの速さを意識できないからです。

速い仕事はメリットをもたらす

① 時間を生む→相手が喜ぶ　余力を呼ぶ

② 宿題がない→周りに影響する　常にクリアな状態

そもそも超光速処理に期日や何時迄にという観念は最初から脳の中には無いのである

4 壁に耳あり障子に目あり

- ◉ 役員の立ち居振る舞いは従業員や顧客に
  多大な影響をもたらします。
- ◉ リップサービスは命取り（いい顔したい病）嘘つき
- ◉ 異性関係を他人が知っている（倫理感なし病）既婚者
- ◉ 食事中の後ろの席（脇あまい病）1回でアウト

5 寄ってくる人の見極め

従業員とは違い役員にはいろいろな人が近寄ってきます。決済権を持っている
人だと思っているからです。
あなたを裸の王様に仕立てる術に気付くか気付かないか、親しみやすく良い気
分にさせる人ほど要注意!
寄って来る人は策士だと思え!

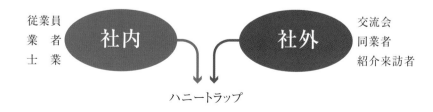

経営者の在り方

経営者としての観念

1. 経営者は営業実績が必要

2. 説明に必要なのは説得力

3. 成功には必ず設計図がある

4. 社内でも営業マンであれ

1 経営者は営業実績が必要

営業実績とは、

　新規契約を獲得できる過去の実績と、営業に長けている人物だと社員が認識している状態

営業実績の具体的説明

1. 実際に販売力がある
2. 販売ルートを獲得できる

では何故、営業実績が必要であるのか?

1. 会社の繁栄する根拠は売上の拡大（売上増）
2. 営業花形は狂いのない事実である（リード）
3. 従業員も動かせるのは営業トーク（提案）

2 説明に必要なのは説得力

説明は何の為に行う行為なのか?

相手に認識させ、行動させて、
正しい結果を出してもらう行為

説得力とは

相手に理解してもらう
説明力の**度合**のことを言う

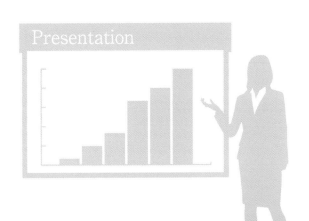

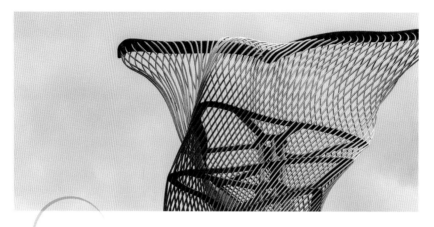

3 成功には必ず設計図がある

物事を成功させる［根拠］とは、

設計図	期日・項目・条件	⟩⟩⟩	成　功

〈例〉

期日	何年	何月	何日	何時
項目	契約	体制	改善	規則
条件	実績	認可	体制	協力

4 社内でも営業マンであれ

では何故、営業実績が必要であるのか?

1. やれと言われたからやっている
2. やらないと怒られるからやっている
3. できなくてもいい

人を動かすことに必要なこと2-1

結 果 ══ 手段 〉〉〉 説明 〉〉〉 着手 〉〉〉 改善
　　　　　① 理解・納得　　② 達成力

できる自信・楽しい

Positive　　　　　　　businessman

人を動かすことに必要なこと2-2

従業員に対しても
営業マンとして接すること。

　目的は早く・正確に・完了してもらうことである。だから、気持ちよく業務を
してもらうことを心掛ければ、時間・コストの削減だけでなく、上司と部下の
関係性が向上するからである。

従業員に対し、してはいけないこと

1.威圧的命令口調で指示をする
2.威圧的に叱責をする

だから営業マン姿勢で!

商品の品質

✓ 1. 類似商品が手に入る確率

✓ 2. 自社商品の優良性

✓ 3. 欠陥に対するフォローアップ基準

1 類似商品が手に入る確率

単純に当たり前のことですが、自社で販売する商品が世の中で手に入る難易度と他社商品に比較した品質レベル、そして価格と納期という商品の総合レベルを知っておくことが必須です。

項目別販売難易度

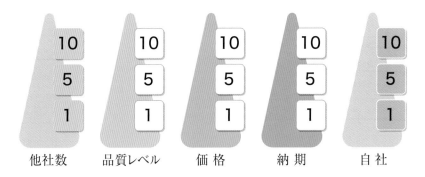

他社数	品質レベル	価格	納期	自社
10	10	10	10	10
5	5	5	5	5
1	1	1	1	1

営業する場合、左記のグラフで自社が不足している部分を把握していれば、不足部分を何でカバーするのかを頭に入れておく必要があります。勿論、業界平均値以上の品質を持っていれば営業の難易度は必然的に下がるということです。

よって、自社商品の販売難易度を知っておくのは不可欠です。

2 自社商品の優位性

前項で把握した販売難易度の不足項目が他社同等または超えた場合、単純にどうなるでしょうか?

売れる

何度も言いますが、優れた品質・価格・納期がクリアされても、実際は販売力という壁を突破できなければ、販売数量を稼ぐことはできません。如何に販売ルートを確保しているのかが決め手となるからです。

ここが重要ポイントです。

詳しくは、次章『セールスミーティング』で

3 欠陥に対する
フォローアップ基準

　クレーム対応に関する対応策を社内で作成しておかなければなりません。

　クレームの度合いによって、どう対応するのか、を経営者として心得ていないと火に油を注ぐことになりかねません。これは社業が継続できなくなる最悪の結果を招きます。

社長レベル

役員レベル

管理職レベル

管理職レベル　契約不履行や不当労働を招いた

役員レベル　民事訴訟になる可能性がある

社長レベル　刑事告訴になる可能性がある

※必ず、専門士業に相談し、作成しておきましょう。

経営者の在り方

経営者の収支感覚（会計）

　何度も述べているように経営者は商品・技術・販売力だけで
は会社運営を継続していくことは不可能です。

　しかしながら、税理士や会計士の知識が無くても知っておく
べき数点を認識していれば、財務の安定運営は可能です。

　ここでは重点箇所を6項目に絞り説明してまいります。

1. 常に現金残を認識している

2. 毎月の支払金額を認識している

3. 現金は月支払額の3倍以上を目指す

4. 最終決裁は必ず社長がしている

5. 全資産の毎年増加を目指す

6. ここを押さえれば決算は怖くない

1 常に現金残を認識している

　当り前のことですが、会社の現金には、いただく現金（売上）と支払う現金（費用）しかありません。

　では困る時は、支払う現金が足りない時です。ただ、支払う金額は少なくとも2週間前には集計できているので、支払前日までに流動している現金にいくら足せば支払いができることがわかります。

　この意味の為に現金がいくらあるのかを常に認識しておくことが肝要です。

支払うお金が足りない場合の補金方法は

① 支払口座外からの資金移動
② 定期預金／積金／貯蓄性保険からの資金移動
③ 社長個人の貸付金による補填
④ 金融機関からの融資による補填
⑤ 不動産や他資産の売却による補填

しかしながら、このような補金をしないに越したことはありません

向こう3ヶ月の口座シュミレーションは不可欠

5月	内 容	入 金	出 金	残 高
1	前月繰越			800,000
10	○○社　売上	1,000,000		1,800,000
20				
25				
27				
30				
30				

6月	内 容	入 金	出 金	残 高
1	前月繰越			800,000
10	○○社　売上	1,000,000		1,800,000
20				
25				
27				
30				
30				

7月	内 容	入 金	出 金	残 高
1	前月繰越			800,000
10	○○社　売上	1,000,000		1,800,000
20	給与		300,000	1,500,000
25	○○社　売上	500,000		2,000,000
27	リース料		100,000	1,900,000
30	総合支払		1,100,000	800,000
30	総合支払		100,000	700,000

2 毎月の支払金額を認識している

固定費用	変動費用	 売上割合計上

固定費用
地代家賃
共益費
役員報酬
リース料
保険料
返済金　等

計 2,800,000円

＋

変動費用
資材仕入
外注費
給与
支払手数料
事務用品
交際費　等

計 3,500,000円

＝

費用計

計 6,300,000円

3 現金は月支払額の3倍以上を 目指す

　資金繰りを容易にする目標値としては毎月の全体支払金額の3倍の現金残です。

　勿論、4倍・5倍とあればなお良しと考えられています。

　毎月の営業利益を出し、積み上げていきましょう。

4 最終決裁は 必ず社長がしている

　支払の承認と支払の実行は社長が毎回するべきです。なぜなら、社長の数字の認識と事故を防ぐためです。

　よって、決済は事務員さんや他の役員に任せてはならないのです。（重要事項）

　忙しさは理由にはなりません。会社を守る重要なことです。

5 全資産の毎年増加を目指す

　株式会社という法人の体力とは株価が上がることによる株主への株式資産の向上と配当金の確保である。

　よって、毎年利益を出し、流動資産だけでなく固定資産を含め総資産の向上が資本の向上につながるのである。

　負債額は資本を上回ってはいけないが、資本が増え続けている累積が評価という価値を生むのである。

◉ 評価されることを具体的に項目化すると、次のようになる。

① 収支バランスの安定化
② 固定資産の安定
③ 負債と資本バランスの健全化
④ 利益剰余金の増大
⑤ 体力の健全化を向上させる

◉ 非上場の中小企業がやってはいけないやりがちなこと。

× 法人税を減らす試み

　これをすると、たとえ固定資産を増やせても利益剰余金は増えません。きちんと税金を納税してこそ評価があるということを徹底しましょう。

　余談ではありますが、株式の配当金や役員賞与等は納税後の支出になる為にも現金を残さなければならないのです。

6 ここを押さえれば決算は怖くない

　毎月の試算表は毎月頭に入れておきましょう。改善点があれば次月には改善できるよう心掛けてください。

　単純に言いますと、試算表の12か月の集計が決算になるわけですから、何度も言いますが、改善点は次月にはクリアする習慣を持ってください。

貸借対照表とは、

会社の規模・体力を示し、
成長の度合いを示すもの

損益計算書とは、

1年間の会社の成績を表すもの

貸借対照表

A

| 資産 | 負債 |
| | 資本 |

B

| 資産 | 負債 |
| | 資本 |

損益計算書

A

売上	
売上原価	売上総利益
一般管理費	営業利益
営業外収益 営業外費用	経常利益
特別利益 特別損益	当期純利益

B

売上	
売上原価	
一般管理費	借入金返済額
営業外収益 営業外費用	を頭に入れておく!
特別利益 特別損益	

Chapter 其の 5 経営者の在り方

金融機関との立ち位置

- ✓ 1. 財務諸表とは
- ✓ 2. 試算表の押さえるポイント
- ✓ 3. 営業利益は2割、現金残は月費用の3倍
- ✓ 4. 金融機関に融資を依頼する時の条件
- ✓ 5. 金融機関に対する姿勢

1 財務諸表とは

財務諸表とは

① 貸借対照表
② 損益計算書
③ 一般管理費内訳書
④ 税務関連明細書
⑤ 勘定科目内訳書
} 決算書

決算書とは

毎月の試算表の12か月集積し各種税金を確定したもの

経営者が毎月認識し
是正しなければならないこと

① 前月の試算表（貸借対照表・損益計算書）
② ①による是正箇所（スピード感をもって）
③ 毎日の各口座の残高（期首・期末・支払い前）

2 試算表の押さえるポイント

貸借対照表

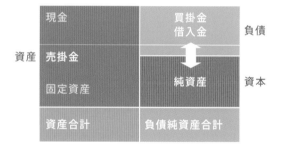

損益計算書

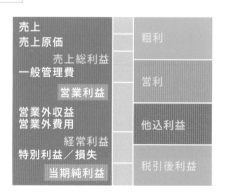

3 営業利益は2割、現金残は月費用の3倍

目指す数値　① 営業利益が売上の20%
　　　　　　② 現金の余力が支払金額の3倍以上ある

この2つの数値は借入をしなくても運転できる数値

目指す数値

4 金融機関に融資を依頼する時の条件

◉ あるべき姿（早期返済が可能）

| 大型新規契約の開始 | | 前払費用が発生するため |
| 受注拡大による工場増設 | | 建築費用の確保 |

◉ 避けるべき姿（口数が増える可能性がある）

通常運転資金の不足による要請

5 金融機関に対する姿勢

◉ 金融機関が融資したい会社は?

◉ 金融機関が融資したくない会社は?

◉ 金融機関がお客様と考える社長とは?

◉ 金融機関がお客様と考えていない社長とは?

> 営業力があり財務の認識に長けている
> 社　長

更にビジョンを持ち夢を現実化できる可能性がある人物であることが加算されれば、なお良し。

最悪であるのは、偉そうな態度・口調をする社長は、自らが、なる話をならない話にしている。

最悪なケースは、頼む・縋る要求だけの社長。

Chapter 其の **6**

経営者の在り方

任す勇気と 渡す勇気

✓ 1. 任す勇気とは

✓ 2. 渡す勇気とは

✓ 3. 自分のコピーは作れないことを知る

〈 概 要 〉

商品とサービスを売る会社にとって、『成長のない会社に存続できる理由が無い』と言われるように、毎年、売上に応じた利益が増加していかなければならない。

理由は、2つの財源を確保するためである。1つ目は社員給与所得の向上であり、2つ目は会社資産を増やす為であるからである。よって、売上が上がると同時に社員数も増えてきます。

増えた新入社員を育成しながら新しい仕事を既存社員が立ち上げていく流れとなる以上、既存のお客様の担当として育成された社員に業務を任せていく流れになります。

また一方、管理職・担当役員・役職役員も職務を部下に渡す時、渡された者が、その職務が出来るまでは前職者のフォローアップは必然のものとなります。

この章ではこの『任す』『渡す』に勇気がいることの説明をしてまいります。

1 任す勇気とは、

既存のお客様を新人または部下に
担当を変更するということ

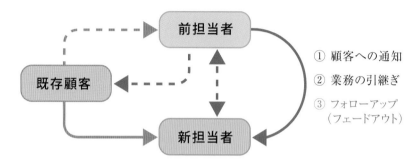

① 顧客への通知
② 業務の引継ぎ
③ フォローアップ
　（フェードアウト）

① 顧客への通知（同行による引き合わせ）
② 業務の引継ぎ（契約・仕様・現業員・外注）
③ フォローアップの体制

前担当者の心情は 心配・不安・思い

　前担当者は元々引き継いだお客様である場合も同様であるが、前担当者自らが獲得したお客様の場合はその思いは増大するのが本来です。

　この心情は前担当者として、持っていて良いことであるので、無い人が問題とも言えましょう。

自分が1年間の責任を負う決意
それが勇気です

2 渡す勇気とは、

社内の役職を部下に変更するということ

前担当者 → 新担当者

- 承認権限
- 達成支援
- 役職業務

社内においての決済権を渡すという会社にとって中枢のポジションです。
ここは担当役職の席だというだけなく、役職以下の部の足並みをも左右します。

これが社長の交代であるとどうでしょう。

全社員の生活・家族がかかっているので、前社長は十二分に考察したメンバーの中から任命したうえで、金庫の鍵を渡さなければなりません。

渡した後も自分が2・3年の責任を負う決意
それが勇気です

---

3 自分のコピーは
作れないことを知る

人は十人十色であるように、自分に瓜二つの人間をつくることはできません。言い方を変えれば、引き継ぐ人の良いところを誉め、やらなければならないことを出来るようにすることを先決に考えましょう。

80点で大成功の心の余裕をもって職務を教え育成していきましょう。それが勇気というものです。

経営者の在り方

動じない
表現力

✓ 1. 常に同じ態度と行動

✓ 2. 専門家の意見はあくまで参考

✓ 3. 決済と処理は光速で

〈 概 要 〉

　会社を運営していく中で、頻繁に大・小の問題が出ます。社内・社外を問わず瞬時にジャッジを要求されます。

　従業員のミス・業者のミスと経営者のミスも含め全ては社長のミスであることを認識していなければなりません。

　カリカリ怒ったり、逆にうろたえる表情や行動をとると、それを社員が見てどの様に感じるのでしょうか。

　この章では、動じない表現力というタイトルで伝えてまいります。

　規則やルールの重要さを柱に、経営者としての心の厚みを表現するポイントがこの部分にあることを深く思考に入れましょう。

1 常に同じ態度と行動

規則と社内ルールを設定しておくことが要となる

トラブルの種類として分類すると

① 社内トラブル	② 社外トラブル

規則やルールを設定しておくことが重要となる

トラブルの種類として

① 社内（ハラスメント・事件・事故・業務・労務・会計 等）

② 社外（契約不履行・解約・事件・事故・接待トラブル 等）

　社内トラブルの報告が役員まである場合、この時点で社内規則または社内ルールの枠外で発生していると判断します。

　ということは、現在の規則が不十分であるということです。

2 専門家の意見はあくまで参考

　起こるトラブルの中では専門分野の事例や判例を調べることは重要であるが、最短かつ最良な手段は、専門家に相談する方法がある。

① 雇用関係（社労士・弁護士）

② 業務・契約関係（弁護士）

③ 事件（警察・弁護士）

ファーストステップとして
参考意見を聞く時点

　次項にも出てくるが、速い判断は何を置いても有効策です。
専門家の意見を聞き、最良な手段を選択し、実行することを心がけましょう。

3 決済と処理は光速で

　経営者は、全ての事象に対し迅速で有効な決断と実行をしなければなりません。
　有能なチームとはリーダーの決断の速度で決まります。お気楽なバラバラのチームにいるリーダーはチームメンバーが悪いのではなく、リーダーそのものに欠陥があることを強く認識しておきましょう。

まとめ

　経営者は会社の中でのリーダーですから、あらゆる問題や難問に対し、毅然と向かい合い喜怒哀楽を表現せず、淡々と処理をする様をあえて表現することが要である。

　それは、部下や社員に対しても専門家に対しても同様に接することによって、安心感を表現するということです。

　怒り・恐れを表現する人や会社の悪口を他言する人は、リーダーには向かない人である証明を自らが公表しているということになります。

Chapter 其の 8
経営者の在り方
品格

　前章までの学習で既に8割の品格は身についています。

　この章では更にレベルを上げた品格を身に付ける章として
お伝えします。

　確固たる経営者になれる様に身につけましょう。

◉ 品格とは、『気高さや上品さがある』という意味

　それは、1日で習得できるものではありません。
　自分が品格があると思っていても他人が考察した結果の
思慮なので、その時点で間違っています。
　人によっては『オーラを感じる』という表現を使います。これ
が品格です。

　確固たる経営者になれる様に身につけましょう。

◉ 品格は生まれ持って有るものではありません。

- あらゆる努力をしてきた経験値
- あらゆる苦しみを乗り越えてきた経験値
- あらゆる恥ずかしい思いをしてきた経験値
- あらゆる問題を克服してきた経験値

この全ての経験値を人に想像させないように出来る人

品格とは、『 経験値と所作振る舞い 』

◉ 所作振る舞いってなに?

所作＝動作（歩く・座る・食べる・飲む・様…）

振舞＝礼儀（道徳・人道・道義・相手を思う・様…）

◉ 所作の身に付け方

皇室のテレビ/YouTube番組を見る

つまり、優雅さを持った姿勢

挨拶時の姿勢・歩き方・食べ方・飲み方・笑い方…

◉ 間違った理解者は

• 経営者だから偉いと勘違いしている人

• 上司だから部下に対し威圧的に命令する人

• 自分が出来ないことを部下にさせる人

• 出来ない人を過剰に叱責する人

• 結果より自分にとってどうかを優先させる人

• 従業員の悪口や上席の悪口を社内外に話す人

Chapter 其の 9

経営者の在り方

未来の物語を公言する

　3年先、5年先、10年先の未来設計図を文書にするだけでなく、社内や社外に公言することは、なかなか実行しにくいものです。

　なぜなら、達成できなかった時に、恥ずかしいだけでは済みません。所詮『絵に描いた餅』と馬鹿にされ、信用がなくなるからです。

　では、逆に考えるとどうでしょうか？ 1つ1つを達成していく度に信用と信頼のアイテムに代わるということになるのです。誰に？ それは自分の周りにいる全ての人達からです。

　勿論、達成する為の実行に費やす精神力は半端では成り立たない世界ですので、慎重に組み立てることが要です。

　次に、メリット・デメリットと組み立て方を列挙していきますので、是非トライしてほしいアイテムとして参考にしてください。

メリット	デメリット
① 従業員から信用と信頼を得る	① 従業員から笑われる
② 顧客から信用と信頼を得る	② 顧客から笑われる
③ 金融機関から信用と信頼を得る	③ 金融機関から笑われる

『抜群の信用と信頼を得る』　　　『絵に描いた餅』『失笑』

自らがこのメリットに挑む度量が企業の永続性に比例する

　勿論、この選択は自由であるし、採用しなくても、企業の永続性をもたらす要因は他にもあることは確かです。

　私の経験で、『やっておいてよかった仕事のやり方』の１位がこの未来日記です。

　これ１つで経営者として、信用と信頼を得られるのですから、めんどくさがりの私にはもってこいのアイテムだったと確信しています。

　経営者は決して格好の良いポジションではないということを、さんざん述べてきましたが、現役の経営者は弱音を吐かず、見せずのポジションであることを心して仕事をしてほしいと切に思います。

ポイント：未来日記は年月日と達成内容を単純に書く

例

達成年月日	達成事項
2025年3月31日	年商1億円達成する
2028年3月31日	年商2.5億円達成する
2028年10月1日	新規事業として宅配業務を開始する
2029年3月31日	阪神間に25店舗を達成する
2030年3月31日	営業利益3,000万円を達成する
2035年3月31日	阪神間に50店舗を達成する
2038年3月31日	次期役員体制を整える
2045年11月30日	代表取締役を辞任する

　このように、期日までに達成していることを記載し、自分の退任時期を明確に記載することも加えて推奨します。

　従業員にとっては、会社の進むべき方向性が見えるメリットと、自分のポジションを想像しやすくなるメリットは仕事のやりがいの1つになるはずです。

　最後に、経営者は社員に対し、会社の行く末を明確にした物語を見せることがリーダーとしての役割であることも加えておきましょう。

Provided by
CBS
HOLDINGS INC.

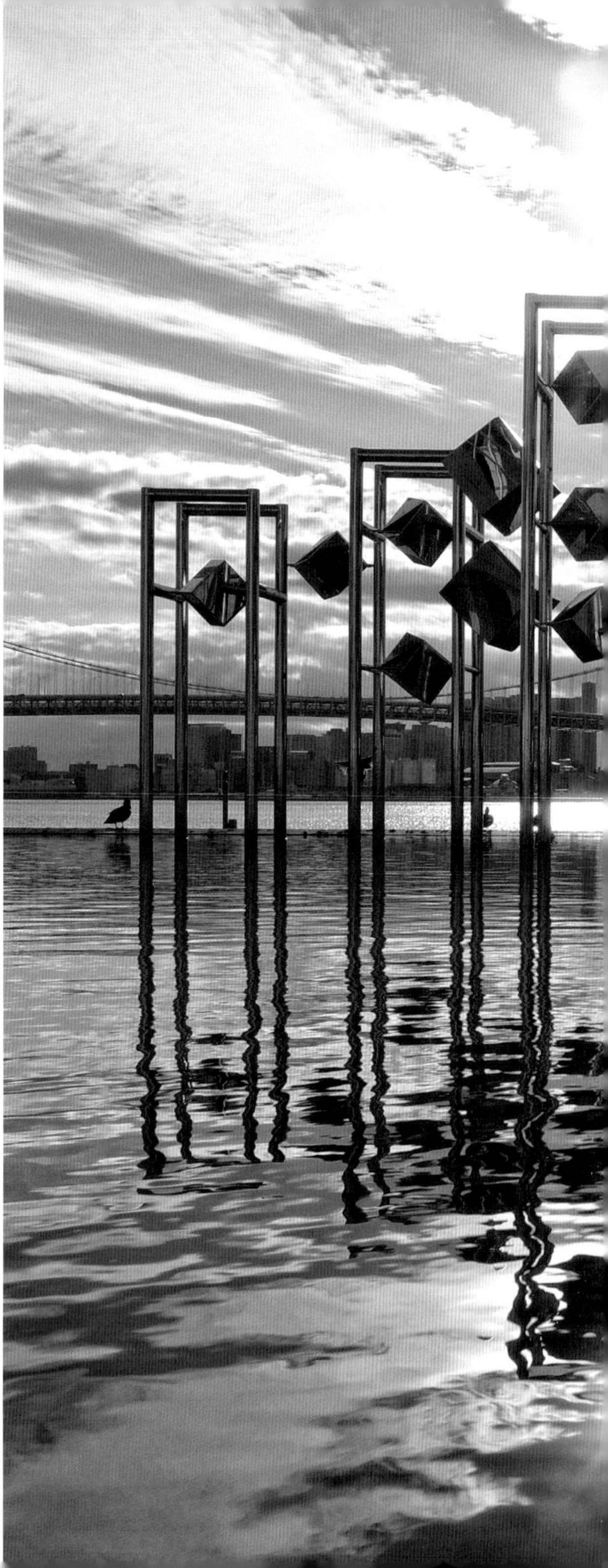

第3章
経営者の
営業

Sales
Meeting

セールスミーティングの根幹

　仕事だけでなく生活し生きていくうえで、ある物事を成功しようとする時、人の思考回路はどのように働いているのでしょうか。

　例えばあなたが料理を作って、人に提供する場合に、美味しくない料理でいいと思考しながら作る人がいるでしょうか？料理の腕が初心者であればあるほど「美味しい」と言って貰いたくて作る人が大半であると思います。更に言えば、どんな料理の熟練者が、レシピ通りの工程で作っていても、パートパートで味見をする行為は美味しい料理を提供したいという思考が働いている証拠でもあります。

　この料理を「美味しい」と言って貰いたいという思考がどれだけ潜在意識に存在するのかの度合いでこの料理の成功と失敗が決まるのです。

　これは人間全ての行為にこの現象があります。主婦でもスーパーマーケットAよりスーパーマーケットBの方の白菜が安い、という行動も高いものを買いたくないという思考が働いています。損したくない、得したいというのは全人類共通の思考ですよね。

　要は、ある物事に対して成功したい時に、成功したいという思考がどれだけ潜在意識の奥まで到達しているのかという度合が「成功」と「失敗」の差であるのです。

　では、仕事ができる人とできない人に置き換えるとどうでしょう？これも「道理」で、潜在意識に思考を入れる（できる）という度合の差です。

　「あの人だからできるんだ」や「あの人は人脈が多いからできるんだ」とよく耳にしますよね。違うんです、できる人は潜在意識に成功することを奥深く入れ込むことが出来ているので成功者は成功した理由を図ろうともしません。つまり、潜在意識に思考を深く入れることが出来ると成功するということなんです。

潜在意識に深く思考を入れる

✓ 1.「どれだけ成功を想像したか」

✓ 2.「どれだけ綿密な準備（計画）をしたか」

✓ 3.「どれだけ誠意ある工程をしたか」

　この３点セットを思考し潜在能力の奥深くに入れ込めば成功する以外にないのです。

　先にも述べましたが、日常 私たちがしている「料理」や「スーパーマーケット」の思考を仕事に置き換えるだけのことなんです。決して特別なことではないんです。

　このミーティングは気づいていない人に気づいてもらう為に行うものでもありますから、気づいている人に行うものではありません。自分のものになってくると、会社の社程と社訓の意味が笑うくらい理解できると確信しています。

　このセールスミーティングでは、はじめに理解していただいたように、文章や言い回しにストレート過ぎる言い回しや、今時『何で?』ということが含まれているかもしれませんが、この短期間に成功体感をしてもらいたいという一心ですので、含んでいただきます様、よろしくお願いいたします。

　全てのメンバーが出来るようになることはハッキリと言いますが、無いです。しかしながら、これを力にした人が営業活動を楽しむことが出来るのは間違いありません。そして、活躍される方が１人でも多くなられることを期待しております。

Sales Meeting ⟶

1
2
3

成長できる人と出来ない人との違い

事　象	成長する人	成長しない人
自己認識	持っている	持っていると勘違いしている
成長意欲	持っている	○○してくれたら考える
処理速度	速い	しようと思っているが
帳簿類	確実	時間がないから
時風	理由にしない	○○だから出来ない
突発事項	対応します	○○があるから出来ない
通達	全部直ぐに行う	しないまたは一部に行う
理解力	ある、または直ぐに聞く	わからないままで良い
昼食	ひと段落したら	見事に大半が12時
常識	ある	あると思っている
虚偽	絶対しない	するのがほとんど
礼儀	大切にする	本人の力量だと考えている

　この表で比較すれば一目瞭然で、ごまかすことや嘘をつくことまた、何かを理由にできないことを平然と理由にし、回答することが平気な人は成長しない人であることがわかりますよね。

　これは悪い癖であり、修正するすることは難しく時間を要することになるでしょう。昇給や昇進にはあってはならないことです。

　では、早速本編に入っていきますが、わからないことは説明の途中でも構いませんので、どんどん質問してください。また、質問内容も恥ずかしいことを特に質問していただくと、他の受講者も勉強になると思います。

『営業行為を楽しむ』

Chapter 其の1　基礎編

第1回　営業の基礎編 I／IV
　　　　基礎

第2回　営業の基礎編 II／IV
　　　　① 計画の立て方　② ファーストアプローチ

第3回　営業の基礎編 III／IV
　　　　① 時間観念の行動　② 意欲満々の笑顔

第4回　営業の基礎編 IV／IV
　　　　① 絶対的信頼関係を築く　② 弊社に決まる理由

Chapter 其の2　実践編

第5回　営業の実践編 I／IV
　　　　基礎

第6回　営業の実践編 II／IV
　　　　ファーストアプローチにどれだけインパクトを与えるか
　　　　営業の実践編 III／IV
　　　　会話の中から自然な食事（ゴルフ）の誘い方
　　　　営業の実践編 IV／IV
　　　　接待時の『いろは』開始から御礼まで

Chapter 其の3　応用編

第9回　営業の応用編 I／III
　　　　営業パターンをより具体的に

第10回　営業の応用編 II／III
　　　　飲食店とゴルフ場は固定化が有効

第11回　営業の実践編 III／III
　　　　成功者は自分に投資する

Chapter 番外編　注意点集

営業行為を楽しむ・・・営業の基礎編 I/Ⅳ

経営者がする
営業とは

〈基礎〉

営業行為が始動する
3つのパターン

1

常に向こう3ヶ月の
営業計画を立てる

受注できる金額で
約定する根拠とは

Sales Meeting

1 営業行為が始動する3つのパターン

✓ 1. 顧客発信の以来条件（客注）

✓ 2. 見込み客を紹介者から依頼される案件（紹介営業）

✓ 3. 自らが見込み客を作る案件（飛込営業）

営業行為を始動する原因には3つの種類があります。わかりやすく説明すると、受け身（受動型）から自発（能動型）までを今回は3つの分類で分けています。

①の客注とは、お客様が自ら依頼される注文です。営業の難易度的には0％でしかも成約率はかなり高いレベルの注文となります。

②紹介営業とは得意先や知人等から営業先を紹介してもらう営業です。これは紹介者がクライアントに信用があるので、話を聞いていただくのは安易であり、営業の難易度は50％で成約率も高いものとなります。

③飛込営業は営業活動の中で最も難易度が高く効率の悪いものとなりますが、これをしていないと営業活動が早い時点で行先がないという事態になりますし、この営業で受注することが出来れば自信にも繋がり、営業活動が楽しくなります。よって、反復継続的に飛込営業はしておくことが望ましいとされているものです。

2 常に向こう3ケ月の営業計画を立てる習慣を作る

1. 継続可能な営業の根拠の1つ

2. 自分のスタイルが確立されていく根拠の1つ

3. スケジュールとして明確に記述されている

　営業活動は毎日の仕事のルーティーンに入っていなければなりません。今日は雨だからやめておくとか、業務が押しているからやめておく等をすると営業活動は継続しなくなります。前項で述べた客注と紹介営業は難易度が低いからと言って常にあるものではありません。メインは飛込営業を反復的に続けるうえで、

［ ①常に飛込営業を向こう3ケ月の計画を立て実行していなければなりません。 ］

［ ②このルーティーンを続けていることによって自分の営業スタイルが身についてきます。人によれば半年で身につく人もいれば1年かかる人もいますが、営業活動のルーティーンを怠っている人に身につく人はいません。 ］

［ ③営業活動をするルーティーンは毎日のスケジュールとして組み入れるだけでなく毎月から向こう3ケ月のスケジュールに飛込営業先を組み入れておくと迷うことなく活動できるという意味で必要なことです。 ］

3 受注できる金額で役定する根拠とは

会社を顧客が気に入っている状態
会社（実績）・セールス（人）・バーター（取引）

※注意 同業他社との比較見積額だけで決める顧客

安い仕事／赤字仕事／短期で解約可能性有

　受注できる金額という言い回しよりも『受注したい金額』の方がわかりやすいと思います。すなわち、受注したい金額で成約するには条件があります。

　①クライアントが弊社を他社より気に入っている。

　②クライアントが営業マンを気に入っている。

　③バーター取引に優位性を感じている。

　この3点しかありません。つまり、このどれかに該当するものを提供できれば、多少の値引きよりも取引がしたい感情に持っていけるのです。こういうと、だいたいの方は何を言っているのかわからない状態だと思います。このPOINTが営業の要ですから、ここをこのセミナーで説いているので、取得していきましょう。

　数字だけで決めるクライアントが多い中、最上級に注意したいのは、契約を成約したい気持ちが『罠』におちいるクロージングをしてしまうと、殆どは赤字契約や短期間で終わってしまう契約をしてしまう点です。数字だけで決めるクライアントの場合は反対にやや高めの見積を出した方が良い結果が生まれるケースはまれにあるのが経験値です。

計画の立て方と ファースト アプローチ

〈基礎〉

1 計画の立て方

2 ファーストアプローチ

Sales Meeting

1. 営業行為が始動する 3つのパターン

前回の復習 2-1

① 既存顧客発信の依頼・・・・・・ 客 注 営業

② 見込み客を紹介してもらう・・・ 紹 介 営業

③ 自らが見込み客を作る ・・・・・ 飛 込 営業

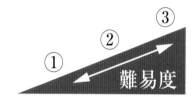

難易度

2. 常に向こう3ケ月の営業計画を 立てる習慣

前回の復習 2-2

① 持続可能な 営業活動の根拠 の1つ

② 自分オリジナルの 営業スタイル が確立される

③ スケジュールに 明確に記述 される

要約：継続することで生まれる自分のスタイルが確立されて
いき、スケジュールされることで動きやすくなる。

営業の基礎編

1 営業計画の立て方

✓ 1. 同行営業…担当者同行計画を年間作成→月3件は必須

✓ 2. 紹介営業…月2件は必須

✓ 3. 飛び込み営業…月1件は埋める努力

Point

当月含む向こう3ケ月の営業計画の作成は必須

　前回にも向こう3カ月の営業計画を立てていかなければならないと申しましたが、計画があるから3日坊主にはならないという根拠としているためでもあります。

　では、具体的に計画の立て方と営業の3種類を四半期ごとの3ケ月で年間営業スケジュールを作成しましょう。

　先に述べた営業の3種類とは、①同行営業　②紹介営業　③飛込営業です。同行営業とは既存顧客を担当している御社の担当者と共に既存のクライアント先に同行し営業のサポートをします。これは担当者に営業の見本を見せる意味合いも併用しています。紹介営業は常にあるわけではないので、日々の営業活動の中で紹介を依頼します。どこに依頼するのかは自由ですが、知人・友人・既存顧客・納入業者等が上げられます。最後は飛込営業ですが、これこ営業マンの手腕が試される営業花形と言われる語源です。上に書かれている回数は最低回数ですので、営業に慣れてくると次第に増やしていきましょう。

営業の基礎編

2 ファーストアプローチ
何をしにいくのか

1. 相手の話を聞きにいく…聞きまくる

2. 自慢話は大げさに…感動する

3. 宿題を貰う…次アポの種（たね）

あらゆる情報を
収集しに行く

業界の環境 会社の同行	個人的な 趣向性

　誰もが知りたい部分がこのファーストアプローチ（初対面による営業）による会話術であると思います。このセールスミーティングにおいてもファーストアプローチは重要であると位置付けています。

　簡単に言ってしまうと、情報収集になるわけですが、相手が自らどんどん情報を喋り出すことはまずありません。したがって実践編と応用編でもより具体的に情報を引き出す話術をお教えしていきますので、身に付けていきましょう。

　ファーストアプローチは先に述べてように、情報収集が一つの目的ですが、もう一つ重要な目的があります。それは、セールスマンの印象を持ってもらうインパクトを提供しなければなりません。これは高度なテクニックですので実践編で勉強していきます。

　情報収集とは、やはりクライアントの動向が重要です。販路を広げる仕組の中に弊社で扱える商品を結びつけ提案や見積りに持っていくためです。決してクライアントの方からこれ見積りしてと言われることはありません。後編でもしっかりと身に付けなければならないことなのです。

時間観念の行動と
意欲満々の笑顔

〈基礎〉

1

時間的観念の行動

意欲満面の笑顔

2

Sales Meeting

1. 営業計画の立て方

① 同行営業・・・ 年間計画 作成→ 月3件 は必須

② 紹介営業・・・ 月2件 は必須

③ 飛び込み営業・・・・・ 月1件 は埋める努力

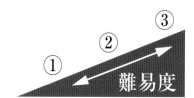

2. ファーストアプローチ

何をしに行くのか

① 相手の 話を 聞きに行く

② 自慢話は 大げさに感動する

③ 宿題を貰う 次アポの種

あらゆる情報を聞きに行く

業界の動向　会社の方向性　個人的趣向性　等

1 時間的観念の行動

✓ 1. 必ず10分前に到着…遅れると全てが水の泡と思え

✓ 2. 次アポは1月以内にとる…3回目アポの優位性

✓ 3. 宿題は7日以内に出す…1ケ月では振り出しに戻る

Point 次アポが取り易い流れを
こちらから作り出すのが目的

　ビジネスそのものが時間いわゆる期日で成り立っていると言っても過言ではありません。時間は直ぐ信用に結びつきます。必ずアポ時間の10分前に到着し、クライアントの受付で呼んでもらいましょう。

　そして、帰る前に次のアポイントをとってから帰ると次回アポを改めてとる必要性が無いので合理的です。この当日次アポを取りやすい方法としては、宿題を貰うのも次アポを取る手段です。会話の中で探せば必ずあるはずです。その宿題は決して仕事に結びつかない可能性は大いにあります。クライアントの疑問や興味のある事柄をヒントに宿題に結びつける練習を心がけましょう。

2 意欲満々の笑顔

笑顔の持続

✓ 1. 受付時からビルを出るまで

✓ 2. 帰りのエレベーター内は要注意（無言）

✓ 3. 笑顔と活舌

Point 身なりが美しく笑顔であれば見た目は成功である。
誰でもできる成功術

　満面の笑顔とは好まれる人物の仕上です。容姿・所作振る舞い・活舌ある話し方があっての仕上の笑顔なのです。後編でもこの重要性を具体的に説明しますので、収得しましょう。

　こちら側が複数で訪問する場合の注意点ですが、帰りのエレベーターは要注意です。見送ってもらうときは、エレベーターのドアが閉まっても同僚とエレベーター内で喋ってはなりません。会話は殆どドアの外に聞こえているものなので、どうせならビルの敷地外までは喋らない決まりを自分でもっていた方が良いでしょう。

　よくある頭を下げエレベーターのドアが閉まるとある会話は、
『なかなかあの人難しそうだな』　『長かったなー』　『昼何食べる?』

　このつまらない内容が相手に聞こえると台無しとなることを心しておきましょう。

Chapter 其の 4

営業行為を楽しむ・・・営業の基礎編 Ⅳ／Ⅳ

絶対的
信頼関係を築く
（弊社に決まる理由）

〈基礎〉

1 絶対的
信頼関係を作る

弊社に
決まる理由 2

Sales Meeting

1. 時間的観念の行動

① 必ず 10 分前に到着

② 次アポは 1 ヶ月以内にとる

③ 宿題は 7 日以内に出す

2. 意欲満々の笑顔

笑顔の持続…

① 受付時から ビルを出る まで

② 帰りのエレベーター内は 無言

③ 笑顔と 滑舌

あと見た目がついてくれば7割成功

1 絶対的信頼関係を築く

1. 明言通りの結果を相手が受けている…
品質・数字・期日にズレがない

2. 発言に信頼性がある…虚偽性がない

3. 知識量がある…対等に会話ができる

Point ここが基礎編の山場、実践編でもここが基礎となる

　絶対的信頼関係を築くということがファーストアプローチから成約までの間にできるのであろうか?という疑問が出てくるはずである。

　既存のお客様から新しい物件の提案を頂くのであれば長年の実績があるのでわからなくもないが、お会いして数日から数カ月で絶対的信頼関係を築くにはどうすればよいのでしょうか?こhere こそが、取れるセールスと取れないセールスの違いなのです。

　実はクライアントの立場に立てば理解しやすいです。ビルメンテナンスの品質を納得していただくには実際に数カ月業務をさせていただくのが最良ですが、現実的ではありません。画面にあるように1▶2▶3のセールスで判断し、会社を調べて確証を得るという行程がなされるのがほとんどなのです。では見積にまで行く行程の中でセールスの発言内容の整合性と信頼性を判断されます。更に実践編にも出てきますが、セールスの容姿・所作振る舞いも加わり、信頼性を付加していくのです。
このセールスミーティングはさらに付加を加えるしくみをこの 11 回の行程でまさにこの秘伝を説明してまいりますので、基礎編Ⅳを記憶しておいてください。

2 弊社に決まる理由

✓ 1. 他社との合わせ見積で1番安い金額であった

―――――――――――――――――――――――――――――

✓ 2. バーター取引による合意…出資・物品購入・テナント

―――――――――――――――――――――――――――――

✓ 3. 会社・実績・品質に合格し営業姿勢の情熱がかわれる

―――――――――――――――――――――――――――――

Point 積極的に安い仕事を取るのか、良い金額で一任して
もらって取るのかを考えれば、会社にとってどちらの約
定契約がいいのかは考えなくても答えは出ている。こ
のニュアンスが理解できない営業マンは、接待をする
必要性はないのである。

　このご時世で、決まって当たり前なのは 1 番と 2 番で、1 番は収支どころか約定
の意味がない期間で終了するかもしれない案件となり、2番のバーター取引では、
会社も労力とお金を発生させるため、成約率も上がり、利益も確保でき、長いお付き
合いになる案件です。
　そこで 3 番目はどうでしょうか。この関係性を持ってとれたクライアントは前項にも
述べた絶対的信頼関係ですのでベストな成約と言えます。
　皆さんにとってみれば前項共にここが山場なので、全 11 回を通して何度も出て
くる部分であり、この違いを理解できるようにこのカリキュラムを設定していますので、
最後まで勉強をしていきましょう。

ファースト アプローチの インパクト

Chapter 其の 5

営業行為を楽しむ・・・営業の実践編 I／IV

〈実践〉

ファーストアプローチで
どれだけのインパクトを
与えられるか

Sales Meeting

1 ファーストアプローチに
どれだけのインパクトを与えられるか

〈概要〉

ファーストアプローチ、つまり、初対面またはしばらくぶりの相手に対して、初回にどのくらいのインパクトを与えられるかで約定までの時間に差が現れます。

今回は何故ファーストアプローチにインパクトが必要なのかと、人物・会社・業務品質・役に立つ会社であることのインパクトを説明します。

ここからは基礎編をよりリアルに現実的に説明していきます。

初回の印象がその後時間的速度を反映する

〈 インパクトの項目 〉

1 人物（セールス）	2 会社（内容・実績・評判）	3 業務品質（業務実績）	4 役に立つ会社

今回はインパクトの4項目を説明してまいります。インパクトの重要性は営業だけではなく全ての業務に必要なことですので、確実に記憶し、役立てるように学習していこう。

初回の印象がその後時間的速度を反映する

〈 インパクトの項目 〉

1
人物
（セールス）

① 容姿・所作が整っている

② 明るく滑舌良く情熱が伝わる

③ 発言内容に不審点がない

④ 人の話をよく聞いている

初回の印象がその後時間的速度を反映する

〈 インパクトの項目 〉

2
会社
（内容・実績・評判）

① 会社案内と履歴書が100点

② 会社に将来性を感じる

③ 大手取引先と契約がある

④ 同業他社からの悪評がない

初回の印象がその後時間的速度を反映する

〈 インパクトの項目 〉

3
業務品質
（業務実績）

① 教育制度が現れている

② 最新の管理手法が行われている

③ 大手取引先と契約がある

④ 同業他社からの悪評がない

初回の印象がその後時間的速度を反映する

〈 インパクトの項目 〉

4
役に立つ
会社

① 商品の取引ができる

② 商品外に有効性・可能性を感じる

③ 社交性がある

次のアポにつなげる宿題

　これまで説明してきた『インパクト』を以て、次のアポイントを合理的に取っていく方法です。

　ここでの宿題とは、即答できなかったことが実際の宿題になるケースがほとんどですが、稀に制度的なことや法律または弊社で請け負える業務であるのか等様々な領域になります。大切なのはわからない事をわかっているかのように言い切ってしまうことのないよう注意してください。中には、知っているのに知らないふりをして聞いてくる方もおられ、こちらの返答をどうこたえるかを見ておられる方もおられますので、わからないことは調べてきますという風に宿題にするのがベストなのです。

ファーストアプローチにどれだけ
インパクトを与えられるか

成果指標：相手が当方の
ファン になる
＝
絶対的信頼を加点し続ける

　先ほども述べましたが、絶対的信頼を得なければならない時に、曖昧なことや間違ったことを発言することは相反する行為であり一瞬で信用できない人のレッテルを貼られることになります。これでは全てが水の泡と化し、本来の目的『絶対的信頼』は得ることが出来ません。

　また、絶対的信頼は加点を積み上げることが出来ますが、1回の減点は一瞬で0点になることを意識しておくことが肝要です。

　では、ここにいるメンバーでどういうことが加点または減点であるのかを出し合って今回の意味を理解していきましょう。

会話を
広げる話術

〈実践〉

1
会話を広げる話術

1. ファーストアプローチに どれだけのインパクトを 与えられるか

前回の復習

① 人物… 容姿・所作 　明るい・滑舌良

話をよく聞いている　発言に不審点無し

② 会社… 会社案内100点　容姿・所作

大手取引先有　評判が良い

③ 品質… 教育制度　最新の管理手法

大手取引先有　社交性がある

④ 役に立つ会社… 取引ができる　有効性を感じる

社交性がある

成果指標　 相手が当方のファンになる

会話を広げる話術

　社会人1・2年生、新人の営業さんは「仕事を貫いたいから仕事の話をしに行くこと」です。これも経験値としての初動で、次第に気づき話法が向上していきます。それは自身のスタイルとなるための時間でもあるのです。

　しかしながら我々が営業に行く名刺には取締役と書かれていますので、相手からは自社のそれなりの人物(スキル)として接します。

　ここでは、この名刺の肩書に相応しい、インパクトが残せる会話力について説明していきます。

会話を広げる話術

会話を広げるための作業

① 相手から出た単語を広げる

② 全く関係のない話を始める

目的：相手の情報を掴むため

会話を広げる話術

相手の情報を掴む 何を?

会社の情報

会社の方向性（プロジェクト）
人事・部署・協力会社に求めるもの・
新規開拓先・新規物件・
協力会社の変更　他

個人の情報

容姿・所作・癖・話し好き・出身地・
自宅・年齢・家族・趣味・
食べ物・飲み物　他

会話を広げる話術

会話を広げるための作業2-1

① 相手から出た単語を広げる

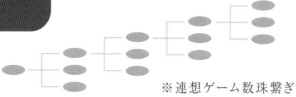

※連想ゲーム数珠繋ぎ

会話を広げる話術

会話を広げるための作業2-2

② 全く関係のない話を始める

※最新版を2つ3つ持っておく

話は変わりますが、
関係ない話ですが
あっ、少し聞いてもらえますか
そうそう面白い話何ですが
知ってます?○○○○

会話を広げる話術

インパクトを与える

① 会社的インパクト
② 個人的インパクト

目的：同業他社が絶対できない
　　　強烈な印象を与える

　ここまでなかなか難しいお話をしてきましたが、要はファーストアプローチから毎回、相手（クライアント）に対しどのくらいインパクトを与えたのかが、決め手なんです。

　他社よりも多く、素晴らしく、期待以上のインパクトでなければ、成約は不可能と言って過言ではありません。

　会社的インパクトは他社よりも自信を持ってたくさんありますが、個人的インパクトは無限に存在しますし、このセミナーで何度も出てくる容姿・所作に繋がっています。無限というのは成長し自分のものになることが出来るという意味です。

　このセミナーに出てくる項目は全て繋がっているという理解をすれば早まるはずです。

会話を広げる話術

インパクトを与えるってどの様に?

1
会社的インパクト
他社にない業務・会社体力・会社の体制
（組織行動・指揮命令体制・教員体制・営業ツールが洗練されている。）

2
個人的インパクト
容姿・所作・明るい・会話が楽しい・知識が豊富
（業界・政治・経済・金融・歴史・グルメ・スポーツ）

日頃から、他社に無い会社の強みとセールス（自分）の強みを箇条書きに出しておき、セールストークに生かしましょう。

セールストークのインパクト

会社的インパクト	個人的インパクト
1.	1.
2.	2.
3.	3.
4.	4.
5.	5.

　この強みは他社にもあるような強みではインパクトがないのです。したがって、セールストークで使う強みはクライアントが目を剥くようなことでないと意味がありません。
　となると、無限にインパクトを増産できるのは個人的インパクトになってくるはずです。

会話の中から
自然な食事（ゴルフ）
の誘い方

〈実践〉

会話の中から自然な
食事(ゴルフ)の誘い方

Sales Meeting

1. 会話から広げる話術

前回の復習

① 相手から出た 単語 を広げる

② 全く 関係のない 話しを始める

③ インパクトには 人物 的なインパクトと
3つの 会社 的インパクトがある

成果指標

1.2 急速に打ち解け合っている
3 同業他社にはないインパクトを与えている

会話の中から自然な食事（ゴルフ）の誘い方

　実践編も終盤に近づき、今回の大本命のタイトル「会話の中から自然な食事（ゴルフ）の誘い方」の回となりました。ここを習得するとおおかたの営業はできるようになってきます。かといって、単純であり簡単なことですが、受信型と発信型の間髪入れないタイミングさえ逃さなければ、ごく自然にまるで当たり前のように食事またはゴルフに行くことになります。

　もちろん相手が要求したいものが何であるかによりアプローチの方法は異なります。例えば　①契約金額次第　②バーター取引次第の相手の場合の接待は　①は金額の上乗せ要望　②は数量減少交渉　がクリアしなければならない主題があるので、言いなりにならないよう注意することが肝要です。

会話の中から自然な食事（ゴルフ）の誘い方

受動型3点　　　　　　　　　難易度 ★★☆☆☆

① 相手から誘われる
② 帰り際に「最近は夜出られてます?」と聞かれる
③ 会話中にゴルフの話をされる

発信型2点　　　　　　　　　難易度 ★★★★☆

① 会話中の単語からの「繋げ方式」
② 話題切り返しのダイレクト「繋げ方式」

　　根本の話ですが、受動型は一瞬簡単のように思えますが、ほとんどの
セールスは聞き流しています。何で?とこちらがききたくなるほど聞き流して
いるのです。全神経をとがらせていない証拠ですよね。
　　一方、発信型は　①会話中の単語を拾う繋げ式と　②話題切り返しの
ダイレクトな発信で誘う方法で食事やゴルフにお誘いします。

会話の中から自然な食事（ゴルフ）の誘い方

発信型

① 会話中の単語からの「繋げ方式」

（例）SDGs ⇒ 海洋資源　生態系の保護　生産消費形態・・・

上記の単語から連想してみましょう。
どの様に食事やゴルフにつなげられるでしょうか？

| 連想① | 連想② | 繋げる |

MEMO

会話の中から自然な食事（ゴルフ）の誘い方

発信型

② 話題切り返しのダイレクト「繋げ方式」食事編

（例）私、先週社長に誘われて鉄板焼きに行ったら・・・

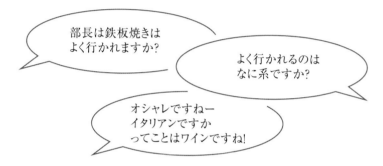

　話題切り返しについては、今までの話題をリセットするわけですが、注意しなければならないことは、前の話題がひと段落していることが条件です。前の話題に結論が出ていない状態で話題を変えると先方はどの様に思うでしょう? ただ、前の話題の結論がついた時に間髪入れず切り返しを入れるのがポイントです。

○○○○○○○○○○○○○心しておきます。
話しは変わりますが、最近のサンマってやせてません?

○○○○○○○○○○○○○心しておきます。
関係ない話しですが、先週ゴルフコンペに参加したんですが …

会話の中から自然な食事（ゴルフ）の誘い方

何の為に食事やゴルフに行くのか

① 絶対的ファンになってもらう為

② 交渉がしやすくなる為

　つまり、この章は、前提として、会話の中から社外で食事やスポーツを共にすることが目的としてあります。ただ、成果指標としては初めて余暇の時間を共にするという関係である状態。相手が君となら食事に行ってもいい、あるいはゴルフに行ってもいいと感じてもらっている状態を作る会話の作業なんです。

　結果として信頼関係が生まれている状態なんです。それをこのミーティングでは『社外アクションの同意』としています。

　そして、実際に食事やゴルフに行っていると、セールスとクライアントの関係を越えていくので、益々仕事の話や交渉がしやすくなっているのです。
　注意点は、セールスを気に入っている状態とは、このセールスミーティングで何度も出てくる容姿・所作・迅速・間違いがない状態を先方が確信しているからなるわけで、これを先方に与えない状態では、食事やゴルフに誘うことは論外で嫌われること間違いなしです。

接待の「いろは」開始から御礼まで

〈実践〉

接待の「いろは」開始から御礼まで

Sales Meeting

会話の中から自然な食事（ゴルフ）の誘い方

① 接待につながる会話には　受動　型と　発信　型がある

② 発信型の繋げ方式には　単語繋げ式　と　話題切り替え式　がある

成果指標

① 絶対的ファンになってやる

② 交渉がしやすくなっている

接待の「いろは」開始から御礼まで

　今回が実践編の締めくくりとなります。次回からの応用編3回に繋がって参りますので、基礎編の内容を正しく記憶しておく必要がある回です。

　接待の「いろは」とは、始まり（会話から生まれる社外アクションの同意）から翌日の御礼までのことで、いわゆる接待の「次第」のようなものです。決してテクニカルな内容ではないので、記憶しましょう。

接待の「いろは」開始から御礼まで

始まりとは、
日程が決まった時点

御礼とは、
御礼を伝えた時点

　始まりとは、前回までの手法により先方との会話の中で成立した「飲食」または「ゴルフ」の日程が決まった時点を指します。

　御礼とは、接待の翌日朝9時にこちらから先方に連絡し、昨日のお忙しい中に時間を作っていただき、同じ時間を過ごさせていただいた御礼を伝えた時点を指します。

　ここまでくると、接待の開始から御礼までの総集編であり、セールスセミナーが最初から繋がっていることがようやく理解できてきます。

　この接待のいろはとは、接待の次第あるいは進行表みたいなもので、押さえなければならないポイントを表し、その日の接待が終わった状態が終わりではなく翌日の朝9:00の御礼の電話が接待の最終行動となることを必ず認識しておかなければなりません。

　次頁の手順（進行）はあくまでも最低抑える項目ですので、その時のケースバイケースは経験を持って身に付けていきましょう。

接待の手順（飲食編）

接待の「いろは」開始から御礼まで 「飲食編」

案内書を持参する → 集合時間の30分前に現地で待機 → 主題は食事中盤でまとめる → 飲み物3分1の量で用意

支払いは食事終了時前に済ませる → 店外に出た時点で手土産を渡す → 間髪入れずに2件目に誘う → 2件目も支払いは分からないように済ませる

タクシーに乗せる → ドアが開いた時点で交通費を渡す → 御礼を言い深々と頭を下げたまま見送る → 翌日朝9時に昨日の御礼を電話する

接待の手順（ゴルフ編）

接待の「いろは」開始から御礼まで 「ゴルフ編」

案内書を持参する → 集合時間の60分前に現地エントランスで待機 → エントランスでカバンを持ってフロントへ → ロッカールームに入る前に確認事項①

スタートは抽選棒で → 昼食時に本題を発信する → 昼のサインは自分で → 18ホール終了で風呂後レストラン集合を伝える

POINT：自分のボールよりお客様のボール探しが優先！

レストランで本題ダメ押し → 終了時にスコアホルダーを貰い手土産を渡す → 御礼を言い深々と頭を下げたまま見送る → 翌日朝9時に昨日の御礼を電話する

POINT：フロントの支払いはお客様を見送った後に！

案内書見本

株式会社○○○○○○
代表取締役 ○○○○ 様

2022年7月1日

株式会社 ○○○○○○○
代表取締役 ○○ ○○

見 本

懇親会のご案内

拝啓　盛夏の候　貴社益々ご清栄のこととお慶び申し上げます。平素は格別のご高配をたまわり、厚く御礼申し上げます。

　さて、かねてより、ご内諾賜りました懇親会開催の準備が整いましたので、下記のとおり、ご案内させていただきます。当日は楽しみにしておりますので、どうぞよろしくお願いいたします。

敬具

記

日　　時：2022年8月5日（木曜日）　18時～20時
場　　所：東天閣
　　　　　神戸市中央区山本通3丁目14番18号
　　　　　電話：078-231-1351
開始時間：18時

参 加 者：株式会社○○○○○○
　　　　　代表取締役社長　　○○ ○○ 様

　　　　　株式会社○○○○○○
　　　　　専務取締役　○○ ○○ 様

　　　　　株式会社○○○○○○
　　　　　　　　○○ ○○ 様

　　　　　株式会社○○○○○○
　　　　　　　　○○ ○○ 様　　　以上4名

※当日の連絡先：090-0000-0000　　○○ ○○ 迄

接待の「いろは」開始から御礼まで

ターゲットが接待に来ている時点

目的の **70%** を達成している

接待の「いろは」開始から御礼まで

肝心なのは

こちらの意思（本題）が伝わっている

営業パターンを
より具体的に

〈実践〉

営業パターンをより具体的に

Sales Meeting

営業パターンをより具体的に

I. 既存顧客営業

概要

新規契約の営業の中でも約定確立の高い営業です。
そして既存顧客への戦略として進めて行きます。

では、実際に良い契約を獲得するのかは、基礎編・実践編で学んだことを活用して進めて行きましょう。

I. 既存顧客営業

　新規契約の営業の中でも約定確立の高い営業です。
そして既存顧客への戦略として進めて行きます。

　では、実際に良い契約を獲得するのかは、基礎編・実践編で学ん
だことを活用して進めて行きましょう。

I. 既存顧客営業

① 同行営業（当方担当者）　② 単独営業

I. 既存顧客営業

同行営業の目的

① 担当者と同行することにより、
　今後のアプローチをしやすくなる
　扉を開けるきっかけを作る見本を
　見せる

② 先方のビジョンを探り脈をはかる

③ 協力業者会の存在を探る

④ バーター取引の可能性を探る

I. 既存顧客営業

同行営業の注意点

① 担当者を叱責する発言は絶対しない

② 自社または自分の自慢話しは絶対しない

③ 協力会は入会したい旨を即答する

④ バーターは持ち帰り、即答しない
　（臨機応変）

Point

いつもお世話になっていることを
前面にだしている印象を与える!

I. 既存顧客営業

単独営業
の目的

① 先方が担当者同席では
言えないことを聞く

② 先方が担当者同席では
言えないことを言う

③ 基礎編・実践編を
頭に入れて進める

II. 紹介営業

Point　紹介者には感謝の気持ちを伝えること

紹介営業は行けば話を聞いていただける有効な営業です。

ここで重要なことは、紹介者に礼を尽くすことが重要です。
紹介者に初回お会いできた御礼の連絡・進捗の中間報告の御礼の
連絡・結果報告の御礼の連絡・約定の御礼は足を運んでの御礼。

進め方は基礎編・実践編通り

Ⅲ. 飛込営業

何度も言いますが、最も効率が悪いのが飛び込み営業です。セールスにとって、最もやりがいのある営業であり、社員からの評価が上がる唯一自慢してもいい成果です。

3ケ月クールの営業計画には必ず最低1件が入っているようにしてください。

進め方は基礎編・実践編通り

全ての営業は

相手が今日のインパクトを
受け取れたかどうか

飲食店と
ゴルフ場は
固定化が有効

〈実践〉

飲食店とゴルフ場は固定化が有効

Sales Meeting

営業パターンをより具体的に

① 既存顧客の同行営業は担当者に営業話術の
　 見本を見せること にもつながる

② 担当の未熟さを得意先において 叱責 しない

③ 必ず インパクト ある日にしなければ意味がない

成果指標　| 1 絶対的ファンになっている |

| 2 交渉がしやすくなっている |

飲食店とゴルフ場は固定化が有効

その前に復習

食事やゴルフに何のためにご一緒するのか?

① 当方のお願いが通りやすくするため

② 当方による対応で優越感を味わってもらう

③ 借りをもらう為に貸しを与え続ける

飲食店とゴルフ場は固定化が有効

場所を限定する理由の復習

店側から見て　①　月に1万円の客と10万円の客
　　　　　　　②　年1回の客と月1回の客

無理がきく・良くしてもらえる・ぼったくりがない

同伴者はここを見ている

　お店やゴルフ場になじみのところが良いのか、今この時点ではピンとこない人もいると思います。この接待の目的は、「お客様に満足をして帰って頂くこと」ですから、のちに「あそこの店員無愛想だったね」とか、「料理の出るタイミングがなってなかったね」という感想が出れば最悪で、何のためにこの接待までたどり着いたのかが全て水の泡と化します。そのためにも馴染みのお店で、接待であることを女将に伝えておくと接待仕様で臨んでくれますし、馴染みのお店ということは年間でも他のお客さんよりは金額を落としているので、優位性があるということなのです。

　ゴルフ場の場合は、メンバーコースであれば支配人も挨拶に来てもらえますし、ビジターとは世界の違うステータス性をお客様に味わってもらえるのです。

飲食店とゴルフ場は固定化が有効

お客様に持って帰ってもらう手土産

飲 食 店：クロークに預かってもらう

ゴルフ場：ロッカーの中に

※ゴルフ場で販売している商品はよほどのことがない限り
　お土産にしない

　お土産について間違ってはならないことは、⊠冷蔵物　⊠生物は飲食店であれば冷蔵室に預かってもらえますが、ゴルフ場では御法度のものです。この点に十分注意しましょう。

　ゴルフ場でよくお土産を販売していますが、事情がない限りゴルフ場の販売物はやめておきましょう。なぜなら、あなたの為に昨日用意したものを今日持ってきたという労力を感じてもらう為なのです。

接待の格言
千の貸しを与え、1の仕事を返してもらう

　人前で言えることばではありませんがこの気概が接待を成功させ、よい仕事をいただくことが出来る根源であることを潜在意識に入れていただければと考えています。

成功者は
自分に
投資する

〈実践〉

成功者は自分に投資する

Sales Meeting

飲食店とゴルフ場は固定化が有効

① 常連店では 無理 がきく

② 借り をいただくために貸しを与え続ける

③ 支払い はお客様に見られてはいけない

成果指標

お客様に優越感を提供できた そつのない流れに感動を与えた

成功者は自分に投資する

成功者の人物像とは「明朗活発」である

　明朗活発とは、「生き生きとして明るい性格」を意味する四字熟語。「明朗」は、明るくてほがらかなこと、「活発」はハキハキとして元気のよいことを指す。「朗らか（ほがらか）」は心に偽りがなく晴々としている意。

これに「容姿」と「所作」を加える

成功者は自分に投資する

人物像と所作は自らが生みだせるもので、
容姿は唯一コストのかかるもの

成功者は自分に投資する

成功者に多いビジネススタイル

パーツ	色・地	状 態	参 考
スーツ	無地の濃紺	スボンの線・ジャケットの背ジワ	半期クリーニング
シャツ	無地の白	カラーとカフスにシワがない	毎回クリーニング
タイ	ブルー系・えんじ系	ベルトのバックルに触れている	―
ソックス	無地紺系	出来ればハイソックス	半期で新品
靴	黒革・紐・踵がある	トウ・ヒールが輝いている	毎朝点検
ベルト	黒で状態が良い	革のひび割れや年季は御法度	―
ハンカチ	白・ブルー・紺系	4つ折りがパリッとした状態	アイロン

体に合ったスーツを着用していること

成功者は自分に投資する

その他：体臭・口臭・爪・髪型・髭等にも気を使いましょう

メリット：アイロンが得意になる

　　　　靴磨きが好きになる

　　　　下駄箱が綺麗になる

　　　　クローゼットが整理整頓される

　　　　心が綺麗になる

おわりに

　ここまで、述べてまいりましたが、いかがでしたでしょうか？

　この本は、後々に思い出させるキーワードが頭に残り、おそらくあなたの引退時までそばにあるでしょう。

　年々、理解できていく人もいれば、残念ながらそうでない人もいるでしょう。

　この本の中で、どの章にも出てくるキーワードは、既に頭から抜けないように構成していますし、読めば読むほど理解しやすくなっていますので、何回読んでも、本が長持ちできるように頑丈に作っています。

　とどのつまり、これから起業する方や役員に選任された方が、この本を読んでもやはり起業するまたは、承諾することを決意したのであれば、大きな失敗をせずに任務を遂行していけるでしょう。

　この世の中の正しい選択は仕事においても、私生活においても『道理』で考えれば良いのです。「これぐらいはいい」とか「えーい！行ってしまえ！」という選択は存在しないのです。

これからの10年20年人によっては30年と長い時間を遂行するわけですから、強い意志と強い身体を維持し、活躍されることを願っております。

それでは、実践開始です!

10→20→30→

build a business

　私たちは、株式会社CBSホールディングスと申します。

　CBSグループ各社の持ち株会社であり、事業内容は経営コンサルタント事業・企業のM&Aに関する売買及び仲介事業及び、新規事業の開発を行っております。

　ホールディングス会社を立ち上げたのは、友方慎介が34歳（2002年）に設定した未来日記に記された1つの項目と期日であることでした。事業内容は関連企業の持ち株会社としてコンサルティングすることと、M&A事業の2本柱でした。そして現在、この先に起こるグレートリセット時に存続していける企業集団を創る新たな目的を今年度より追加設定となりました。

　根拠は、金融や税制・その他あらゆる制度、そして、貨幣価値から変わる社会に、グループ各社の従業員とクライアントの皆様が安心して働ける仕組みのある新規事業となります。

　新規事業の開発にあたっては、理念として、働く人々の為であり、その事業を利用する人々の為に存在し、他のビジネスモデルにはない事業を目的に、研究開発を行っております。即ち、利益中心型（数字）から人中心型（分配）へビジネスのグレートシフトチェンジを推進してまいります。そして、各関連企業全てが一つのコミュニティとなることで、次の文明へのビジネスモデルになればとの思いで邁進してまいります。

　少々、不思議な話にはなりますが、現在日本だけでなく世界各国で起こっている事象が何のために行われているのか、そしてそれは全て一本の線でつながり、最終ゴールの状態を、ご購読の皆様に気付いていただくことと、ゴールの為の準備を考えていただくために、毎年CBS Magazineでお伝えしてまいりました。ご確認は、WEBサイト上にあるホームページ内の各種書籍『CBS Magazine』のBack Number冒頭をご参照賜れば幸いと思います。

株式会社CBSホールディングス

代表取締役　友方　裕介

企業理念

　お客様に最高の満足を提供することが、
　社会の幸せを得る最短の近道です。
　どの様にすればお客様に満足して頂けるのかを常に考え、
　実行することが私達の仕事で、
　その評価を授かるのが私達の役目です。
　お客様と従業員の双方が満足すると企業は繁栄するものです。
　だから私達はお客様に最高の満足を提供します。

会社概要

商　　　号	株式会社CBSホールディングス
代　表　者	代表取締役 友方裕介
所　在　地	650-0024 兵庫県神戸市中央区海岸通6番地 建隆ビル9F
設立年月日	2019年4月1日
決　　　算	9月
資　本　金	50,000,000円
事 業 内 容	M＆A事業/経営コンサルティング事業
系 列 会 社	株式会社CBSファシリティーズ 株式会社CBSサービス 株式会社B-style

事業内容

M&A事業

企業の合併・買収に関する事業

企業の合併・買収に関する仲介事業

企業運営に関するコンサルティング事業

開発事業

ビジネスモデルの研究及び開発

事業運営の代行事業

新規法人の設立

経営に関する各種セミナーの開催

投資事業

収益不動産に関する事業

不動産投資に関する事業

Provided by

CBS HOLDINGS INC.

■セミナー参加者のメッセージ

　私は2009年入社、第一線である現場にて10年程をプレイヤーとして、技術・経験を積ませていただき、部長（管理職）を経て、2022年に常務取締役（経営者）として就任し、再スタートを致しました。プレイヤー目線での現場主義から、企業・組織の意図を第一に実行できる管理職としてのシフトチェンジの時も経験不足による不安もありましたが、それ以上に、経営者の職務に携わられてい頂いた時の不安と戸惑いは今でも覚えております。そんな不安を抱えながら職務に携わっていた中、2024年4月から本書の基となる講義を受けることとなりました。

　講義を進める毎に、書かれてある「価値のある経営者像」が刷り込まれていき、戸惑いは自然と消えていき、不安は解消されていきます。講義の中で、24時間365日仕事をしなければならないのでは無く、常に会社の成長に責任を持ち続ける思考が大切との基本概念を聞き、継続する事の大切さは勿論、責任を持つ覚悟が常に出来ている「仕事脳」である事が、改めて心に、そして脳に刻まれて行きます。

　各講義で、さまざまな手ほどきを受け、心で、脳で納得は出来ます。しかしながら容易に会得出来るものではありません。今でも戸惑い、そしてこれからも迷い苦しむ事もあります。その度に講義内容の本著書を読み返すことで、これが出来ていないから事が上手く運ばなかったのかといった不安が解消でき、躓き行き詰まる時も読み返し、間違いでない信念を貫き、常に「仕事脳」であるべき思考を蘇らせる事が出来る、私のバイブルとなっております。

CBSグループ企業　役員　灘井 健司

私の担当する職務は、バックオフィス系であり、職歴においても「営業」方法を直接考える機会はなく、同僚である営業の人たちの話から、営業は難しい業務だと常々感じでおりました。

　そんな中、友方慎介の「本当の営業のノウハウを理解したら、実績も増えていき営業することが楽しくてしかたなくなる」というセールスミーティング、「価値ある経営者をつくる」とする経営者セミナーという二つの研修に参加する機会を得ることができました。

【セールスミーティング基礎編】

　話術、身だしなみ、話術など、営業をする際に絶対に習得していなければならない事や絶対に行ってはならないことなど基礎的な事項を学んでいきました。

【セールスミーティング実践編】

　実践編では、基礎編で学んだ事を土台として、実際に営業を行っていくために必要なノウハウを学んでいきます。

　このセールスミーティングは、世にあふれている単なる営業のノウハウ本などではなく、「経験と実績」から生まれた営業ノウハウになっています。この内容は、営業職でない方にとっても、重要な大切な内容が多く含まれており大変有意義なものとなります。

　次に経営者セミナー。

従業員ではなく経営者としての仕事内容、仕事の進め方、期日、決断する力など、経営者として成長していくには、必ずわかっていなければならない事ばかりでした。

私自身、この二つの研修に参加させていただき身に付けたことを今後の仕事の中で実践していきたいと思っています。

CBSグループ企業　役員　武田　欣之

道理の経営

道理の経営

　私が先代社長、友方慎介より営業指南を賜ったのは2021年10月からでした。会社の経営陣に加えて頂き、右も左も分からない日々のなか、1週間に1〜2度は社長室に出入りし、出来うる限り社長の理念、思想、営業方法を自分に蓄積させたいという思いでした。

　そんな思いのなか、2022年3月に友方より他の経営陣も含め毎月に1回営業指南のミーティングを行うと通達がされ、2022年4月より本書籍のベースとなる講義が開始となり、講義の内容は営業のいろはから有能な経営者の作り方まで、私が喉から手が出るほど欲しい情報、お金を出して自己研鑽すべき内容が網羅されておりました。

　私の中に一番響いた講義内容は「会話を広げる話術」の項目で、友方のこれまで培ってきた営業力の根幹が示されているような気がしました。この"テクニック"は一朝一夕で身につける事はできません。実践で何度も使用し、脳に擦り込まなければなりませんでした。相手から出てきたワードを数珠繋ぎし話題を広げ、こちらから全く脈絡のない話をして仕事の情報を掴む。私は元来より人見知りで、初対面の方とお話しするときは自分の中にもうひとりの自分を作って演じておりましたが、脳への擦り込みが完了した時、初めて自分の中にいる何者にも助けを求めず初対面のお客様と等身大で会話をすることができました。

　この書籍はきっと私にとって財産となり、自分が何かの壁に直面したとき、教科書として、字引辞書として活用していく事になると確信しています。

株式会社CBSファシリティーズ

代表取締役社長　米倉 晃平

編集後記

　従業員とその家族が万全の安定感を以て生活していくために、中小企業の経営者は会社の経営に努めなければならないのです。それ故に顧客満足が成り立つのであり、社会に貢献していることになるのだと、私共の『道理』と位置づけています。

　余談ではありますが、この『道理』をもっと分かり易く言うと、海の水を雲が吸い→その雲が山にあたり雨を降らせ→その水が川へ集まり→海へ戻るという『自然界の循環』を『道理』ということです。

　よって、海の水が川を伝い、山に戻り、雲が山の水分を吸うことはないのです。人は目的のために、近道を探そうとすることがよくありますが、『道理』の循環を無視するとトラブルが起こるのは間違いのないこと。それが会社であれば経営者の責任であり、子育てであれば親の責任であるということです。

　経営者というステージを理解していなければならないということを、ＣＢＳホールディングスの各種セミナーでは、この『道理』を根本として、次期社長や経営者の育成に注力しています。

　何かを成し遂げたいときに、常に『道理』を思い出し、事に励んでいただきたい思いで本書を出しました。『道理』を説明するアイテムとして、また、ヒントとしてお役に立てれば幸いです。セミナー形式の本になりましたが、最後までご拝読賜りまして、ありがとうございました。

友方　慎介

道理の経営

— Recognize the difference in position —

ISBN978-4-910546-40-7

令和6年 4月 10日 初版発行

著　者／友方 慎介

　　　　株式会社CBSホールディングス
　　　　〒650-0024
　　　　兵庫県神戸市中央区海岸通6番地　建隆ビル
　　　　TEL(078)321-6780　FAX(078)321-5020

発　行／株式会社日光印刷出版社

　　　　〒651-0086
　　　　兵庫県神戸市中央区磯上通4丁目1-14
　　　　三宮スカイビル 5階
　　　　TEL(078)671-0141　FAX(078)891-6609

発　売／メタ・ブレーン

　　　　〒150-0022
　　　　東京都渋谷区恵比寿南3-10-14-214
　　　　TEL(03)5704-3919　FAX(03)5704-3457